Direction de la publication :
Isabelle Jeuge-Maynart et Ghislaine Stora
Direction éditoriale : Aurélie Starckmann
Responsable d'édition : Bethsabée Blumel
Mise en page : Nord compo
Lecture-correction : Nord compo
Illustrations : Shutterstock
Couverture : Audrey Gaucher
Fabrication : Marlène Delbeken

ISBN : 978-203-598-765-5

Achevé d'imprimer en Espagne par UNIGRAF SL
Dépôt légal : mai 2020
3708581/01 - 11043484 – mars 2020

PAPIER À BASE DE FIBRES CERTIFIÉES

LAROUSSE s'engage pour l'environnement en réduisant l'empreinte carbone de ses livres. Celle de cet exemplaire est de : 250 g éq. CO_2
Rendez-vous sur www.larousse-durable.fr

LES MINI LAROUSSE

Les 50 règles d'or ANTI-COGITATIONS

Carine Barco et Alix Lefief

LAROUSSE

21 rue du Montparnasse 75283 Paris Cedex 06

CONSCIENCE DE SOI

TROUSSE D'URGENCE

CERVEAU : JE DÉBRANCHE

JE PRENDS SOIN DE MON CORPS

Ce que veut dire « cogiter »

Vous avez dit hyperpenseur ?

Jour (et nuit), vous avez l'impression que votre cerveau est constamment branché. Ne penser à rien ? Impossible ! Pas de doute, vous êtes un « hyperpenseur » !

COGITER, RUMINER, SE PRENDRE LA TÊTE, TROP PENSER (*OVERTHINKING* EN ANGLAIS)...

Autant de façons de dire que votre cerveau ne débranche jamais. Non seulement vous pensez en permanence, mais au moindre événement, vos pensées s'emballent.

Vous recevez un message énigmatique : « Rappelle-moi rapidement, stp. » Immédiatement, vous imaginez quelque chose de grave. Votre patron demande à vous parler, vous voilà convaincu que vous avez commis une faute. Le soir, vous posez la tête sur l'oreiller, votre cerveau continue de réfléchir...

CELA VOUS ÉPUISE

Vous imaginez des scénarios catastrophes, vous rendez responsable des pires choses ou vous adressez des reproches. C'est un peu comme si vos pensées vous échappaient : après un simple événement déclencheur ou même sans déclencheur, elles dérivent, mêlant les événements passés, vos doutes, vos impressions, vos tâches, vos projets...

Impossible de les arrêter ! Elles contribuent à vous rendre anxieux ou déprimé et minent votre bien-être ou votre estime de soi. **Le problème est que cette surchauffe mentale vous vole votre énergie.** Vous êtes incapable de vous concentrer, d'être calme ou de vous endormir. Si tel est votre cas, il est urgent de dire stop !

CE QUE TROP PENSER N'EST PAS

Il est normal que nos pensées s'emballent dans certaines circonstances (en période d'examens, témoin d'un accident...). Tant que le phénomène est transitoire, tout va bien. En revanche, c'est problématique si la surchauffe est continuelle.

Je découvre mon profil

Quel type d'hyperpenseur suis-je ?

C'est dans la nature humaine d'être hyperpenseur ! Mais il y a différents profils. Parfois même, on retrouve un mix de profils chez une seule et même personne.

DÉCOUVREZ VOTRE PROFIL...

- **Les cerveaux surefficients** : vous ne débranchez jamais ou rarement et êtes différent de la population générale – zèbre, haut potentiel, ou neurologiquement atypique.

- **Les hypersensibles** : vous êtes un capteur ultrasensible de l'état et des variations de l'environnement ou de ceux autour de vous.

- **Les indécis** : vous avez du mal à vous positionner tant il y a d'idées différentes en vous.

- **Les surstimulés** : vos sens sont affolés par votre rythme et le déséquilibre de votre vie. Votre système nerveux n'est jamais en pause.

- **Les angoissés** : en raison de votre enfance, vous êtes toujours sous tension, angoissé, en position d'observation.

LA NEURODIVERSITÉ, C'EST QUOI ?

Parfois nous pensons trop parce que notre cerveau est fait comme ça. Il existe donc différentes sortes de cerveaux et donc de manières d'aborder le monde.

Une portion de la population, dite « neuroatypique », a une manière de penser bien à elle (avec variantes) qui s'écarte considérablement des critères dominants chez ceux appelés « neurotypiques ».

Peu connaissent la différence, à commencer par les premiers concernés. Pourtant une évaluation et une compréhension sont essentielles pour se connaître – soi et ses ressources et difficultés inhérentes. Cette compréhension évitera le choc des cultures « neurotypique »/« neuroatypique » qui peut en découler.

Je déculpabilise

Non, ce n'est pas de ma faute !

« Trop penser » est un phénomène complexe, lié aux facteurs biologiques comme on l'a vu mais aussi sociétaux et environnementaux. De bonnes raisons de déculpabiliser !

ALORS POURQUOI PENSE-T-ON « TROP » ?

Parce que nous vivons une époque où nous sommes branchés en permanence à de multiples sources d'information, et soumis à des dizaines de stimulations en même temps : auditives, visuelles, tactiles...

Et comment ne pas avoir un cerveau en surchauffe dans un monde où tout va si vite ? Et au beau milieu de cette tyrannie du monde moderne, nos environnements sont **loin d'être naturels**. Nous vivons au rythme de nos lampes et de notre ordinateur et non plus du soleil et des saisons. **Les toxines environnementales et alimentaires, elles aussi, génèrent des difficultés qui altèrent le bon fonctionnement du cerveau.**

SURCHAUFFE

Les thérapeutes, tant du corps que de l'esprit, l'observent de plus en plus chez leurs clients : **le système nerveux parasympathique est lui aussi en surchauffe.** Ce système est responsable de notre capacité à nous relaxer : mis à mal, nous ne savons plus nous détendre !

Le stress et les toxines ambiantes irritent ou désensibilisent notre nerf vague. Au-delà des problèmes physiques engendrés par cela – surpoids, pathologies gastro-intestinales, déficiences en vitamines, inflammation chronique, etc. –, c'est le cerveau qui en pâtit et devient dépressif, anxieux et sujet aux troubles de l'humeur : pathologies liées aux cogitations.

La bonne nouvelle ? Ce n'est pas parce que vous n'y êtes pour rien que vous ne pouvez rien y faire !

Je respire !

L'art de respirer, en conscience

Il y a respirer et respirer... Pour revenir au calme, certaines techniques de respiration sont plus efficaces que d'autres.

LA RESPIRATION CLAVICULAIRE

La respiration claviculaire, qui nous vient de la Thérapie du champ mental de Joanne et Roger Callahan, est une technique de respiration en conscience extraordinaire.

C'est une respiration d'urgence qui **rééquilibre et pacifie à la fois les systèmes respiratoire, nerveux et énergétique**. Elle peut être utilisée aussi en prévention, au lever et au coucher.

- **Placez fermement 2 ou 3 doigts de la main gauche** à 1 cm sous la tête de clavicule gauche, juste avant le centre de la clavicule.
- **Tapotez avec 2 ou 3 doigts de la main droite** la vallée entre les métacarpes de l'annulaire et de l'auriculaire de la main gauche.
- **En continuant de tapoter, faites la respiration suivante :**

- inspirez profondément, et retenez l'air un moment;
- laissez la moitié de l'air sortir par la bouche, et retenez l'air un moment;
- laissez sortir l'autre moitié, et faites une micro-pause;
- inspirez par le nez la moitié de votre capacité, et faites une autre micro-pause.
- relâchez et laissez se mettre en place ce qui vient: bâillement, rétention, expiration ou inspiration.

• **Glissez la main gauche sur la même zone du côté droit de votre tronc**. Toujours en tapotant le dos de la main, refaites le cycle de respirations.

• **Posez le dessus des doigts sur la zone**, ongles contre la poitrine, pouce en l'air. Continuez de stimuler le dos de la main et refaites la respiration.

• Revenez ensuite au premier côté, toujours avec les doigts recroquevillés, sans le pouce. Refaites la respiration.

• **Vous venez de faire la main gauche** : il ne vous reste plus qu'à répéter la respiration sur ces 4 positions mais avec la main droite.

Je me libère de la tyrannie de l'urgence

Une tâche à la fois

Bien souvent, vous pensez « trop » car vous pensez à tout en même temps, avec l'idée que tout est urgent. Votre priorité : vous libérer du « tout, tout de suite », et faire une chose à la fois.

HALTE AU *MULTITASKING* !

Nous cherchons tous à être efficaces, mais la masse des choses à faire (et donc à penser) sur une journée est importante et inéluctable. Résultat : nous avons tendance à vouloir tout gérer simultanément.

Or le *multitasking* (le fait de tout faire en même temps), tout comme le *multithinking* (le fait de penser à tout en même temps), est un leurre !

L'idée du *multitasking* est née avec les ordinateurs que nous pensons capables de faire de multiples tâches en même temps... Mais en réalité, même les machines sont incapables de faire plusieurs choses à la fois : elles passent d'une tâche à l'autre rapidement. Ne pensons donc pas que nous sommes plus forts que les ordinateurs !

QUELLES SONT VOS PRIORITÉS ?

En vous focalisant sur une tâche à la fois, vous serez plus concentré, et vous éviterez les pensées disparates. Vous serez donc plus efficace, tant en action qu'en pensée !

Pour que cela fonctionne, il faut arrêter de vous dire que tout est urgent. Chaque matin, faites la liste de vos 3 à 5 priorités (règle d'or n° 35), et efforcez-vous de terminer ce que vous êtes en train de faire, avant de passer à la suite.

Veillez aussi à mobiliser toute votre attention sur une tâche et une seule : lorsque vous êtes en réunion, ne consultez pas vos mails ; lorsque vous faites une balade en forêt, n'appelez pas un ami ; lorsque vous êtes en télétravail, ne gérez pas le repas en même temps...

Une chose à la fois, et vous libérez de la disponibilité d'esprit pour mieux penser à ce que vous faites.

Je fais ce qui me plaît

Place au *flow* !

Le secret pour rester concentré, et éviter les pensées parasites ? La simplicité et le plaisir ! Entraînez-vous au *flow* avec des activités qui allient les deux.

CONCENTRATION ET SATISFACTION

La concentration est la capacité de l'être humain à centrer ses ressources mentales sur un but unique, en laissant de côté toute distraction.

Le *flow* est l'état mental atteint lorsque l'on est complètement plongé dans une activité. C'est un état maximal de concentration, de plein engagement, d'aise et de satisfaction. Le cerveau parvient à se déconnecter totalement. Seuls l'instant présent et les sensations immédiates comptent, les soucis et les ruminations s'envolent.

Certaines personnes atteignent cet état en faisant du sport, d'autres en cuisinant, en peignant, en faisant du ménage, du jardinage…

À vous de découvrir ce qui vous procure ce *flow* !

Je lâche prise

Mode d'emploi

Lâcher prise, ce n'est pas rester affalé sur son canapé à ne rien faire… C'est au contraire un acte d'engagement.

Décider de lâcher du lest, c'est accepter de ne plus vouloir tout contrôler, comprendre que nous n'avons pas le contrôle sur la vie mais sur notre état interne et nos réactions.

Pour cela :

- J'accepte le cours des événements tels qu'ils sont.
- J'arrête de croire que je peux tout contrôler.
- J'accepte que le chemin devant moi est pavé de surprises.
- J'apprends à vivre dans le présent, à ne pas avoir peur de l'avenir et à cesser de m'inquiéter pour le passé.
- Je suis conscient de ce que je peux vraiment contrôler.
- J'apprends à avoir confiance, et à ne pas me laisser entraîner par ma peur, ma méfiance ou mes anticipations anxieuses.
- Je me mets au rythme de mon corps et fais de lui mon guide premier.

Je deviens créatif

Créer, une nécessité intérieure et apaisante

Depuis des siècles en Asie, la création d'effigies divines ou de mandalas (dessin sur une base de cercle) est une source de détente générée au travers de l'état méditatif. Lorsque vous créez, les pensées parasites s'éloignent.

CRÉEZ UN MANDALA

- **Sortez vos feutres ou crayons de couleurs.** Si vous n'en avez pas, il est grand temps d'en acheter et de les garder près de vous.
- **À l'aide d'un compas, créez une série de 2 à 4 cercles concentriques**, ayant le même centre.
- **À la règle, tracez une ligne verticale et une ligne horizontale** qui coupent le centre, puis deux lignes obliques au milieu des cadrans ainsi créés. Vous obtenez huit parts égales. Votre esquisse de mandala est prête !
- **À présent, détendez-vous** et lancez-vous dans un gribouillage méditatif du mandala. On appelle cela ***zen doodling*** ou **« gribouillage zen »**. Vous pouvez utiliser des couleurs pleines, des motifs comme

chevrons, cercles, lignes, formes organiques, ou étoiles... Laissez le crayon vous guider.

- **Quand le calme est revenu, prenez plaisir à regarder votre création.** Connectez-vous à tous ces moines bouddhistes qui, depuis des siècles, comme vous aujourd'hui, utilisent la créativité pour atteindre la sérénité.

LES CONSEILS EN +

Si vous avez peu de temps, utilisez un quart de feuille format A4 pour votre mandala.

Soyez sans jugement ou attente particulière.
Il ne s'agit pas de faire un dessin parfait mais d'être absorbé par la tâche et... de vous sentir libre de faire n'importe quoi !

RÈGLE 9

J'apprends la puissance du « focus »

Pour me calmer

L'attention, sans entraînement, est fragile et papillonne. En moyenne, elle est dissipée 50 % du temps. Or on peut l'entraîner comme le font les athlètes, les artistes, ou les personnes dans des métiers à risque.

LE « FOCUS »

Le « focus » est l'entraînement de l'attention par des exercices qui cultivent la capacité à rester... concentré, en conscience, sur un seul objet, dans l'ici et le maintenant, et sans réactivité émotionnelle. Cet acte conscient amène le repos instantané du cerveau.

On passe de l'émissivité – le fait de penser, juger, cogiter – à la réceptivité – le fait de recevoir les informations données par les sens. Les exercices les plus accessibles se basent sur la perception par le toucher. Leur simplicité et efficacité sont déconcertantes.

EXERCICE DU GALET

- **Trouvez un galet** et gardez-le près de vous, toujours.
- **Vous pouvez écrire dessus le mot de l'effet recherché :** par exemple, PAIX pour une pratique en journée ou JE DORS pour une pratique nocturne.
- **En cas de cogitations,** prenez le caillou comme s'il s'agissait d'un objet précieux et aimé.
- **Sentez ses contours :** le cerveau ne peut pas penser et sentir en même temps ! Prenez plaisir à découvrir sa texture, sa température, et son poids, sans jugement ou attente. Comme si c'était la première fois que vous le touchiez.
- **Respirez tranquillement.**

LE CONSEIL EN +

Avec une pratique quotidienne, de quelques minutes plusieurs fois par jour, ou d'un quart d'heure à la fois, vous sentirez une baisse importante des cogitations au bout de quelques semaines.

Je parle davantage

Poser des mots sur ses maux

Pour ruminer moins, il faut extérioriser plus. Comment ? En s'exprimant, en faisant sortir de votre cerveau vos pensées et surtout vos ressentis.

Quand on cogite, on a tendance à se rejouer en esprit les mêmes événements, à ressasser les mêmes pensées, pas forcément soutenantes ou véridiques, à s'enfermer dans sa bulle, à se couper du monde.

COMMENT ARRÊTER CE CERCLE INFERNAL?

La solution toute simple est de poser des mots sur ces obsessions, ces pensées, mais aussi ces ressentis et émotions. Non pas sur ce qu'on se raconte, mais sur ce que cela nous fait émotionnellement.

Cela permet de clarifier les choses et d'y voir plus clair – mais aussi et surtout de les faire sortir de son esprit, et d'être en lien. La parole a un véritable pouvoir sur notre bien-être !

PARLEZ À QUI VOUS VOULEZ !

Vous pouvez choisir de parler à qui vous voulez. Le principal est de trouver une oreille attentive qui vous écoute véritablement et vous soutient, avec bienveillance et sans jugement.

Vous pouvez bien sûr parler à un(e) ami(e), à un(e) thérapeute, mais aussi si vous le souhaitez à votre chat, à votre chien, voire à vous-même, tout simplement ! Peu importe que votre interlocuteur – humain ou animal – vous réponde, votre objectif premier est simplement de faire le tri et vous exprimer.

PARLER À SON ANIMAL : UNE PREUVE D'INTELLIGENCE !

Selon des chercheurs, parler à un animal, c'est lui attribuer des qualités propres aux humains, mais c'est aussi « le reflet d'une grande capacité de notre cerveau plutôt qu'un signe de notre bêtise ».

Je couche sur le papier mes angoisses

Écouter sa voix intérieure

Si la parole est puissante, l'écriture l'est tout autant. Poser ses pensées et ses tracas sur le papier permet de s'en détacher, et donc de s'alléger l'esprit.

LES BIENFAITS DE L'ÉCRITURE

De nombreuses études scientifiques se sont intéressées aux bénéfices de l'écriture sur la diminution du stress et de l'anxiété. Le fait d'écrire permet en effet de se concentrer sur les pensées qui nous obsèdent et les émotions qui sont générées, afin de les formaliser en mots et en phrases, et donc d'y mettre un certain ordre.

Ainsi, toutes les idées forment une histoire plus ou moins construite, ce qui évite de continuer à tourner en rond et de ruminer. **Écrire est tout simplement une purge.**

Même si cette technique ne fonctionne pas pour tout le monde de la même façon (car nous ne sommes pas tous à l'aise de la même façon avec l'écriture), cela vaut le coup d'essayer !

EN PRATIQUE

- **Chaque jour, consacrez au moins 10 minutes** à la réalisation de cet exercice d'écriture, le matin ou le soir.
- **Prenez un cahier réservé à cela.** Installez-vous dans un endroit calme, éteignez votre smartphone, et écrivez ce qui vous passe par la tête.
- **Ne vous censurez pas**, ne corrigez pas et ne vous arrêtez pas tant que vous avez des idées en tête. Si soudainement vous n'en avez pas, écrivez « Je ne sais pas quoi dire ». Et si tous vos écrits sont sombres, c'est normal, vous êtes en train de purger.
- **Une fois que vous avez bien « vidé » votre cerveau**, que le calme est revenu, refermez votre cahier. Ne vous relisez surtout pas.
- **Refaites le même exercice, chaque jour**, et sans jamais relire les pages de la veille et des jours précédents.
- **Une fois que votre cahier est rempli**, vous pouvez le brûler et en prendre un nouveau.

Je crée du lien

La solution, c'est aussi les autres !

Pour éviter que vos pensées ne tournent en bouclent dans votre tête, faites-vous des amis ! C'est prouvé : les relations sociales sont essentielles au bien-être mental.

VIVE L'AMITIÉ

De nombreuses études scientifiques ont montré qu'entretenir des relations positives avec diverses personnes aide à maintenir nos capacités cognitives et notre bien-être psychologique tout au long de notre vie. Inversement, la solitude et l'isolement sont propices à la perte des fonctions mentales, aux cogitations et au mal-être.

Sortir de sa petite bulle et se confronter aux autres, c'est aussi une manière de découvrir d'autres points de vue, de s'ouvrir à d'autres solutions et d'autres idées, et donc d'élargir son angle de vue.

DES PISTES À EXPLORER

Pour créer des liens, il y a de nombreuses solutions. En voici quelques-unes :

- **Entretenez les relations que vous avez déjà :** invitations à dîner, sorties, appels réguliers, mails... Bref, créez les occasions de vous voir ou de vous parler, car les relations non entretenues se distendent vite.
- **Inscrivez-vous dans un club** (d'échecs, de rando, de célibataires...) ou suivez des cours (de yoga, d'anglais, de cuisine...) pour faire de nouvelles rencontres et partager avec d'autres des activités que vous appréciez.
- **Prenez le temps de découvrir vos collègues de travail :** dans un premier temps lors des pauses-café, des déjeuners à la cantine, des pots... puis hors du cadre du travail.
- **Aidez les autres**, de manière informelle (en rendant service) ou formelle (en devenant bénévole dans une association).
- **Tissez des liens sur Internet :** c'est un très bon outil pour échanger avec d'autres personnes, à condition de ne pas miser sur ce seul moyen !

RÈGLE 13

Je compartimente et mets de côté

Pour mieux me détacher

En thérapie, compartimenter ou mettre de côté est considéré comme une forme de dissociation à éviter. Mais lorsqu'il y a cogitations, c'est un moyen concret d'arrêter le flux incessant des pensées.

Trouvez ou fabriquez une boîte, qui devient votre réceptacle à cogitations, mais aussi à peurs, angoisses, idées obsédantes, ressentiments ou frustrations. Mettez-y tout ce qui vous préoccupe.

Dès que quelque chose vous vient à l'esprit, écrivez-le sur un morceau de papier et mettez-le dans la boîte.

De manière périodique, brûlez ou jetez les papiers. Puis recommencez.

Lorsque vous disposez des papiers, demandez à l'univers de se charger des problèmes à votre place, de vous aider à évacuer et à vous apporter des solutions.

J'identifie les solutions selon mon profil

Pour clarifier des voies de dégagement

Les solutions ou voies de dégagement pour apprendre à enrayer les cogitations dépendent de votre profil (règle d'or n° 2). Voici comment :

- **Surefficients** : apprenez à mieux gérer l'émotionnel et à prioriser. Connaissez votre différence et les stratégies appropriées.
- **Hypersensibles** : trouvez l'environnement et les personnes qui vous conviennent. Apprenez à gérer l'émotionnel. Protégez-vous et posez les limites.
- **Indécis** : faites-vous aider ou coacher. Construisez vos ressources et votre confiance en vous.
- **Surstimulés** : il est grand temps de ralentir, rééquilibrer votre vie, créer des sas de décompression et de transition, et de prendre des vacances. Créez une nouvelle hygiène de vie.
- **Angoissés** : faites un travail sur vos blessures d'enfance et éliminez les toxines de votre environnement et alimentation.

Je fais des pauses régulières dans la journée

Plus de panique, jamais !

Sans pauses régulières, la productivité, la performance et le bien-être déclinent. Des moments de répit, même courts, s'avèrent nécessaires pour maintenir votre cerveau en état de marche.

QU'EST-CE QU'UNE « BONNE » PAUSE ?

Une « bonne » pause est une activité qui tranche avec ce que vous faites dans l'instant présent et met en veilleuse la partie du cerveau qui réfléchit et conceptualise. L'activité choisie doit engager d'autres aires du cerveau. Par exemple, nul besoin d'être Einstein pour se faire une tasse de thé. *Idem* pour un tour à pied. Ou une micro-sieste.

Toutes ces activités engagent d'autres sens et aires du cerveau autres que ce qu'on appelle le cortex préfrontal. **L'important est la régularité.** Faites des pauses plusieurs fois tout au long de la journée.

PENSEZ MICRO-PAUSES !

Nous vous invitons à faire la liste de 5 activités que vous faites quotidiennement qui vous servent de micro-pauses. Par exemple : appeler un proche, aller faire une course, ou regarder votre fil d'actualités sur les réseaux sociaux...

Maintenant, faites une liste d'au moins 5 activités additionnelles que vous mettrez facilement en place dans votre quotidien pour plus de ressourcement. Inspirez-vous de ce livre ! Et faites-les en conscience de l'effet recherché !

LES CONSEILS EN +

Les pauses qui engagent le corps, dans le mouvement, sont particulièrement recommandées. Même si vous ne sortez pas, pensez à vous étirer.

Si vous êtes dans un état de *flow* – engagé, concentré mais dans le BIEN-ÊTRE –, ne vous interrompez pas. C'est la seule exception à la pause.

J'enrichis ma conscience émotionnelle

Pour identifier mon mal-être et ses sources

La conscience émotionnelle permet d'identifier ce qui se trouve derrière votre mal-être afin d'y remédier. Nous pouvons tous enrichir cette conscience pour une plus grande maîtrise émotionnelle.

AUTOÉVALUATION

Commencez par faire une liste des émotions que vous connaissez... Comptez-les.

- Moins de 12 émotions, vous avez grandement besoin d'enrichir votre conscience émotionnelle.
- Entre 12 et 25, c'est bien et vous pouvez aller plus loin.
- Plus de 25, vous êtes déjà expert, *a priori* !

JE DEVIENS EXPERT DE MES ÉMOTIONS

Si vous vous trouvez dans les 2 premières catégories ci-dessus, ou si l'exercice vous tente, enrichissez votre capital « conscience émotionnelle » grâce à la rosace des émotions qui suit.

À intervalles réguliers au cours de la journée, sortez-la, regardez-la et déterminez les 2 émotions qui correspondent à votre état du moment. Demandez-vous, à chaque fois, ce qui pourrait être à la racine de ces émotions.

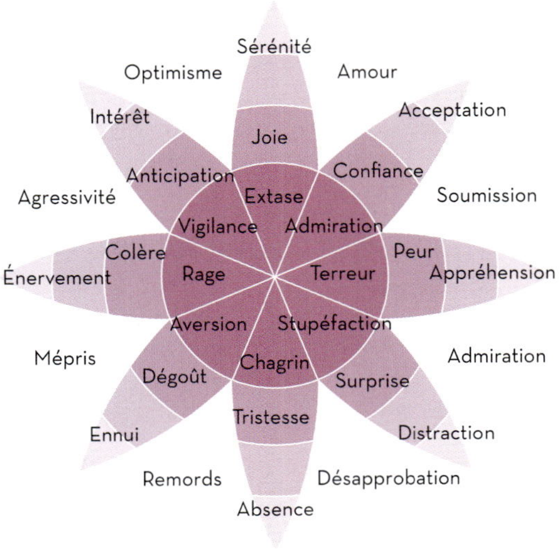

RÈGLE 17

J'apprends à faire confiance à mon intuition

Suivez votre petite veilleuse intérieure

Et si, au lieu de vous faire des nœuds au cerveau en permanence, vous acceptiez de vous en remettre à votre petite voix intérieure, à votre sixième sens ?

UNE PETITE VOIX INTÉRIEURE, DOUCE ET CALME

L'intuition est la petite voix intérieure, douce et calme, celle qui veille, qui vous parle, qui vous dit « d'instinct » que cette solution-là est la meilleure pour vous, avant que votre mental ne prenne les devants et vous enferme dans le cercle infernal de vos pensées et cogitations.

C'est ce sixième sens qui vous donne l'impression de savoir. C'est un ressenti profondément personnel et apaisant, qui n'appartient qu'à vous. **C'est un message de votre inconscient.**

L'intuition se reconnaît par la joie, elle donne l'impulsion d'agir et d'aller de l'avant, elle vous incite à dépasser vos peurs et vos appréhensions. Suivez-la !

CONNECTEZ-VOUS À VOTRE INTUITION

L'intuition est une véritable aide à la décision : plus vous y serez attentif, plus vous serez en mesure de savoir si votre intuition est bonne ou mauvaise, et de lui faire confiance. Faites-en simplement l'expérience...

Vous avez un choix à faire entre deux options ? Sachez que le corps ne ment pas : il vous dira quelle est la meilleure option pour vous. Fermez les yeux. Imaginez que vous optez pour la première solution et soyez à l'écoute de ce que vous dit votre corps : vous sentez-vous tendu ? Décontracté ? Ressentez-vous une gêne ? Ou au contraire une sensation de bien-être ?

À présent, imaginez que vous optez pour la deuxième solution : que ressentez-vous dans votre corps ? Que vous dit-il ? Vous sentez-vous mieux ou moins bien ? Que pouvez-vous en conclure tout simplement ?

RÈGLE 18

J'extériorise mes émotions autrement

Pour libérer mes peurs et émotions négatives

Les ruminations cachent souvent une mauvaise gestion des émotions. Vous avez appris dans la règle d'or n° 16 à avoir une meilleure conscience de vos émotions. Mais lorsqu'elles sont envahissantes, que faire ?

Voici quelques techniques reconnues et éprouvées... Avant toute chose, n'ayez pas peur du ridicule. **Choisissez votre santé émotionnelle et la paix de l'esprit par-dessus toute idée des conventions ou habitudes sociales.**

N'ayez pas peur de vous sentir fou, aussi : ces exercices sont parfois prescrits en psychothérapie comme tâche ou pratiqués en atelier de développement personnel.

POUR DÉCHARGER

- Tapez un rocher à l'aide un bâton.
- Criez dans un évier rempli d'eau ou un oreiller.

- Dansez vos émotions sur la musique de votre choix.
- Chantez vos émotions de manière intuitive sans parole, comme des chants indigènes.
- Parlez à haute voix.
- Allez courir.
- Faites une activité sportive puissante, type boxe ou zumba.

POUR DIALOGUER POSITIVEMENT

- **Dessinez-vous** dans la thématique source de stress avec le problème et les solutions.
- **Communiquez tendrement**, dans le calme, l'accueil et la bienveillance, sans rien imposer, avec la partie qui cogite ou angoisse.
- **Communiquez de la même manière avec toute partie qui va mal.** Accueillez ses émotions, sa parole et dites-lui à quel point vous êtes désolé pour elle. Réconfortez-la, sans jugement ou injonctions.
- Allez consulter un thérapeute.

Je me libère de mon dialogue intérieur négatif

Pour arrêter de me torturer

Le dialogue intérieur négatif n'est pas un ennemi : il tente de vous adapter à votre environnement. Mais il est temps de lui expliquer que ses manières de faire sont toxiques.

• D'abord prenez conscience de ce dialogue intérieur et **refusez à partir d'aujourd'hui de vous adonner au dialogue intérieur négatif**. Le sevrage radical est de règle !

• Plutôt que de l'ignorer ou le rejeter pour toujours, **allez à sa rencontre**. Choisissez un moment où vous êtes seul et tranquille.

• **Demandez à le voir ou le percevoir.** Retenez qu'au fond, même s'il vous semble être un bourreau, il cherche à vous aider : à ce que vous soyez la meilleure version de vous-même, ou bien performant, ou quelque chose de cet ordre-là.

- **Si vous n'êtes pas serein en sa présence, respirez calmement** en massant la partie gauche de la poitrine en cercle jusqu'à mieux vous sentir.
- **Dites-lui que ses jugements, critiques, comparaisons, et disqualifications** vous font du mal et sont toxiques.
- **Demandez-lui ce qu'il cherche à faire de positif** avec ses récriminations et écoutez sa réponse.
- **Expliquez-lui** ensuite que si les enfants apprennent facilement et sans stress à marcher, c'est parce que c'est l'unique apprentissage où les parents sont encourageants, soutenants et les félicitent à chaque tentative, qu'elle soit fructueuse ou pas.
- **Demandez-lui de troquer ses anciennes méthodes** pour des méthodes plus positives.

LES CONSEILS EN +

Si votre dialogue intérieur négatif se montre trop effrayant pour discuter avec lui sereinement, prenez vraiment le temps de respirer en l'observant jusqu'à être à l'aise.
Si le temps n'y fait rien, allez consulter un thérapeute qui vous aidera.

Je pratique la méditation active

Pour apprendre le lâcher-prise

On parle de méditation active lorsque l'on participe activement au processus.

VOICI 2 PRATIQUES À TESTER

1. **À chaque inspiration**, imaginez-vous vous emplir de lumière bienfaisante. À chaque expiration, imaginez tous vos soucis, cogitations, peurs..., sortir de votre corps.
2. **Observez ce que vous ressentez.** Non ce que vous pensez. À l'inspiration, avec le son « HAM », déplacez ce que vous observez du cœur jusqu'au-dessus du sommet de la tête. À l'expiration, avec le son « SAH », imaginez que cela retombe en pluie fine à l'extérieur. Si le ressenti est positif, cela peut retomber sur vous ; si c'est négatif, cela va autour de vous pour disparaître dans la terre qui le recycle. Si vous n'observez rien de particulier, travaillez uniquement avec le souffle et les sons.

Je pratique la méditation passive

Pour apprendre la force et l'équanimité

Dans la méditation passive, on fixe son attention sur un objet de concentration, et on laisse venir à sa conscience les éléments de la psyché ou du corps qui décident de s'exprimer. Le processus est passif car on laisse faire les choses qui remontent d'elles-mêmes telles des bulles d'air à la surface de l'eau.

- **Asseyez-vous** le dos bien droit.
- **Amenez votre concentration** sur le souffle au niveau du triangle nasal. Observez les sensations de l'air qui entre et sort des narines, à chaque respiration.
- **Vous pouvez faire un sourire** pour rester dans une attention ouverte et bienveillante.
- Pour ne pas être dans la réactivité, **restez curieux de ce qui se présente à chaque instant**.
- **Soyez conscient de vos pensées**, émotions, sans les juger. Ramenez toujours votre concentration sur le souffle.

RÈGLE 22

Je crée mon univers idéal en imagination

Pour me créer une nouvelle réalité

Créer des images ou ressentis d'un univers par imagination est appelé « visualisation ». La visualisation positive permet à notre cerveau d'entrer en cohérence avec les ondes cérébrales de la relaxation.

Sachez que le cerveau ne fait pas la différence entre une image réelle et une image virtuelle. Donc si vos visualisations sont positives, vous induisez une modification physiologique du corps positive et la sécrétion des hormones, sources de bien-être.

VISUALISATION BIEN-ÊTRE

- **Fermez les yeux et prêtez attention à votre respiration.** Créez des respirations d'environ 6 secondes pour l'inspiration et 6 secondes pour l'expiration.
- **Laissez venir à votre conscience quelque chose qui vous fait du bien :** un lieu particulièrement agréable, un souvenir merveilleux, une activité qui vous calme, un geste tendre et apprécié, ou

une personne qui vous est chère. Ce qui vient peut appartenir au passé, présent ou futur, mais doit être 100 % positif pour vous. Cela peut être réel ou fictif.

- **Plongez-vous complètement dans cet univers imaginaire** et imprégnez-vous de tout ce qui est particulièrement plaisant pour vous, le plus longtemps possible. Comment cela peut-il être mieux encore ?
- **Lorsque vous avez atteint un état de ressourcement**, posez vos mains au centre de la poitrine et dites : « J'harmonise tous mes systèmes à cette nouvelle vibration. »

LES CONSEILS EN +

- Si vous n'arrivez pas à visualiser, ressentez l'univers que vous créez.
- Il est plus bénéfique de faire votre visualisation après avoir pratiqué la respiration claviculaire (règle d'or n° 4).

RÈGLE 23

J'apaise mon cerveau avec des plantes et autres compléments

Pour plus de bien-être

La pharmacopée à base de plantes et certains compléments s'avèrent un atout formidable dans votre prise en charge anti-ruminations.

Voici les plantes et compléments anti-ruminations de choix : ces plantes calment, soulagent l'agitation et la nervosité, et apaisent les troubles du sommeil.

- L'aubépine
- La ballote
- Le coquelicot
- Le houblon
- Le lotier corniculé
- La valériane
- Le safran

Si vous avez tendance à la déprime, pensez à celles-ci qui sont plus anti-stress et anti-morosité :

- Le griffonia
- **Le millepertuis – la 1re plante pour états dépressifs** mais aussi pour l'anxiété et l'agitation nerveuse

- Les acides gras essentiels oméga 3

Si vous avez tendance à l'anxiété, envisagez celles-là qui ont plus de vertus anti-anxiété, anti-stress mental et anti-nervosité :

- L'écorce de magnolia
- L'eschscholzia, ou pavot de Californie
- La L-théanine
- **Le magnésium – le 1er apaisant et sédatif naturel** et sa carence est courante
- La mélisse
- La passiflore

LES CONSEILS EN +

Attention aux effets secondaires des plantes et compléments et aux interactions médicamenteuses. Parlez-en à votre médecin traitant. Soyez particulièrement vigilante si vous êtes enceinte.

Vous pouvez aussi faire appel à un médecin homéopathe, médecin phytothérapeute ou à un médecin spécialiste de médecine traditionnelle ayurvédique ou chinoise.

Je me secoue (littéralement)

« Shake your body ! »

Avez-vous déjà remarqué que les mammifères tremblent pour se calmer après un grand stress ? Inspirons-nous-en et réveillons notre côté animal !

Le stress crée des tensions musculaires et pour les libérer, rien de tel que de se secouer. Cette technique est notamment utilisée dans la méthode TRE (*Trauma Releasing Exercises*), où l'on parle de *controlled shaking* (« tremblements contrôlés »).

Objectif : relâcher les tensions et les stratégies de défense, réveiller le corps et rééquilibrer le système nerveux. Une remise à zéro bénéfique !

À Los Angeles, la gourou du bien-être Gabrielle Bernstein utilise une technique de yoga Kundalini qui consiste à secouer les mains pendant 3 minutes.

Vous pouvez mettre en fond sonore *Chakra Breathing Meditation* d'Osho pour vous inciter à respirer profondément. Et faites trembler tout votre corps ou vos mains, comme bon vous semble. À vous d'essayer !

Je pratique le *hug*

« J'ai besoin d'un câlin »

Ce qui fait du bien à notre corps fait du bien à notre esprit ! Alors pratiquons sans modération et avec le plus grand des plaisirs l'art du câlin…

Le *hug* (« câlin » ou « enlacement »), aussi platonique soit-il, a de nombreux bienfaits. Il apaise le système nerveux et rythme cardiaque, fait baisser la tension artérielle et booste les défenses immunitaires.

« Le toucher, et par extension, dans sa forme la plus bienveillante, le câlin serait l'acte le plus fondamental et le plus essentiel pour l'être humain ou l'animal, avant même l'alimentation », explique Céline Rivière, dans *La Câlinothérapie* (Michalon).

Le fait de se prendre dans les bras plus de 10 secondes booste la libération d'ocytocine, l'hormone de l'attachement qui apporte un sentiment de paix, sécurité, bien-être et estime de soi. Si l'on ne vous donne pas de câlins, proposez-les à vos proches, même amis. Ou dites tout simplement : « J'ai besoin d'un câlin. »

RÈGLE 26

Je passe en mode slow

Ralentir, comment fait-on ?

Nos rythmes de vie effrénés sont en grande partie responsables de notre surchauffe mentale.
Pour apaiser notre cerveau, il faut d'abord ralentir.

PETIT GUIDE

- **Levez-vous plus tôt le matin**, afin de ne pas être speed dès le réveil. Si cela veut dire qu'il faut vous coucher plus tôt le soir, faites-le.
- **Créez votre routine matinale bien-être** d'au moins 5 minutes : méditation, mouvement, motivation !

- **Prenez le temps de faire de vrais repas**, assis à table et pas devant votre écran. Sinon faites-vous un smoothie copieux.
- Chaque jour, **accordez-vous au moins 4 petits plaisirs** : une boisson en

terrasse, un bon bain, quelques minutes à écouter de la musique sans faire rien d'autre, un long câlin avec les enfants...

- **Libérez vos week-ends**, et apprenez à ne plus avoir peur du vide ! Retrouvez le plaisir de traîner, et de **profiter de vos journées sans programmer**.
- **Baladez-vous sans but précis**, en ville ou en forêt, sans montre (ni téléphone). Faites ce qu'il vous plaît.
- **Créez du silence** : éteignez la télé ou la radio, sortez faire une pause dans un lieu serein, voire mettez un casque anti-bruits.
- **Reconnectez-vous à la nature** et à son rythme. Misez sur les balades au grand air et le jardinage.
- **Faites un grand tri numérique** : supprimez les notifications et les applications que vous n'utilisez pas, et désinscrivez-vous des sites qui vous bombardent d'e-mails que vous ne lisez pas.
- **Après 20 heures, déconnectez totalement !** Éteignez smartphones et ordinateurs, les mails attendront le lendemain.

Je découvre le pouvoir des bonnes ondes

Remettre son corps au diapason de la relaxation

Le son, et plus précisément les vibrations qui l'accompagnent ont un véritable pouvoir apaisant et régénérateur sur le corps et l'esprit...

LA SONOTHÉRAPIE

Vous avez sûrement déjà entendu le son du gong ou le tintement d'un bol tibétain (que l'on appelle aussi bol chantant). **Les vibrations sonores pures et puissantes sont utilisées pour leurs propriétés apaisantes et énergisantes.**

Si la pratique de la **sonothérapie** est connue depuis la nuit des temps en Orient (notamment lors des cérémonies bouddhistes ou des rituels et autres soins de guérison), elle commence tout doucement à intéresser les Occidentaux...

LES BONNES ONDES CALMENT

Notre corps est fait de vibrations : il émet un champ électromagnétique. En cas de blocage, de stress, de ruminations ou encore de maladie, la circulation et la fréquence de ces vibrations sont perturbées.

Les sons « cohérents », comme ceux d'un gong ou bol tibétain, se diffusent à travers les cellules de notre corps grâce à l'eau qui nous compose à près de 60 % et réharmonisent notre vibration lorsqu'elle est désaccordée.

À la clé, un impact bénéfique sur le corps et sur le mental. Vous pouvez trouver des enregistrements de musiques sur Internet qui génèrent des ondes delta ou thêta, très efficaces pour se « réaccorder ».

Il existe aussi des centres de sonothérapie.

LA VOIX AUSSI

La voix a elle aussi ce **pouvoir de réharmonisation**, en agissant de l'intérieur. D'ailleurs, il existe même une forme de yoga appelée « yoga du son », basé sur le chant et la répétition de mantras (le plus connu est le « OM », prononcé « OooooMmmmm »).

L'objectif n'est pas de bien savoir chanter - aucune compétence vocale spécifique n'est requise - mais de faire résonner et vibrer les sons en soi (voir règle d'or n° 20).

Je me (re)mets au sport

Allez ! On se bouge !

Pour se vider la tête, rien de tel que le sport ! Si ses effets sur la santé physique sont bien connus, il est également idéal pour s'éclaircir les idées.

LES BÉNÉFICES SANTÉ DU SPORT

• **Le sport renforce les capacités cardiovasculaires et régularise la tension**, entretient le capital musculaire et osseux, favorise le transit, prévient les problèmes articulaires, stimule les capacités pulmonaires, renforce le système immunitaire...

• **Mais le sport est également essentiel pour la bonne santé mentale ! Il stimule la sécrétion d'endorphines, les fameuses hormones du plaisir et du bien-être.** Elles constituent un excellent anti-stress naturel, qui stoppe les pensées anxieuses qui tournent en boucle dans votre tête. Non seulement vous vous videz la tête quand vous faites du sport mais en plus, l'activité physique vous aide à canaliser votre énergie et à évacuer les tensions accumulées qui vous empêchent d'être détendu.

• **Il vous permet de vous recentrer sur vos sensations**, d'être plus à l'écoute de votre corps et d'avoir les idées plus claires.

• **Vous bloquez sur un dossier, ne parvenez pas à prendre une décision ou à avoir une vision claire et globale du projet ?** Une séance de piscine, un cours de danse ou un petit jogging, et vous vous découvrirez de nouvelles capacités mentales. Vous serez plus attentif, serein et verrez les choses d'un œil neuf.

LE CONSEIL EN +

Vous ne pratiquez aucun sport ? Commencez par vous fixer un objectif simple : marchez au moins 30 minutes par jour d'un bon pas. Les endorphines sécrétées devraient vous inciter à en faire un peu plus...

Je prends soin de mon sommeil

Pour récupérer en profondeur

Ah, les moments de veille lorsque l'on est censé dormir ! Et se réveiller le matin sans se sentir reposé ! Le moulin cérébral à plein régime n'est pas ami-ami avec le sommeil. Mais vous avez plus de contrôle qu'il n'y paraît.

VOICI QUELQUES PRINCIPES INCONTOURNABLES POUR PRENDRE SOIN DE VOTRE SOMMEIL

- **Exposez-vous à la lumière du jour** au moins une heure chaque matin. S'il fait sombre ou que ce n'est pas possible, utilisez une lampe de luminothérapie.
- **Faites une activité physique ou sportive** chaque jour, de préférence en journée.
- **Créez du temps** dans la journée pour intégrer ce qui se passe et où vous en êtes.
- **Ne travaillez pas au-delà de 20 heures.** Si vous êtes charrette, privilégiez un lever tôt pour travailler

plus. Votre lampe de luminothérapie vous aidera à vous lever tôt.

- **Manger léger le soir**, et pas d'excitants après 14 heures.
- **Prenez des plantes relaxantes** (règle d'or n° 23).
- **Si vous vivez avec quelqu'un, parlez de ce qui vous préoccupe**. Seul, couchez sur papier vos préoccupations ou utilisez la méthode de la boîte à cogitations (règles d'or n° 11 et 13).
- **N'utilisez plus d'écrans**, même le téléviseur, idéalement après 20 heures, 22 heures au plus tard.
- **Ayez un rituel de coucher**. Vous pouvez utiliser un masque masseur des yeux ou une musique avec ondes delta ou thêta pour entraîner le cerveau vers les ondes cérébrales du sommeil. Faites la respiration claviculaire (règle d'or n° 4).
- Rappelez-vous, si le sommeil ne vient pas, que même **allongé sans dormir, le corps se repose.**
- En désespoir de cause, **levez-vous et faites quelque chose de constructif**, mais facile.
- Si la nuit a été courte, **pratiquez la micro-sieste**. Mais pas de longue sieste qui peut vous dérégler.

RÈGLE 30

J'élimine les aliments qui créent brouillard mental et anxiété

Halte aux toxines !

Saviez-vous que certains aliments pouvaient vous embrouiller les idées ? Pain blanc, sucreries, lait..., découvrez les principaux ennemis de votre cerveau.

LE SUCRE

La consommation de sucre raffiné est néfaste : elle crée une inflammation cérébrale à l'origine de troubles de la mémoire, de dépression, de stress...

L'excès de sucre provoque également une hyperglycémie (état d'euphorie) suivie d'une hypoglycémie réactionnelle qui se manifeste par des changements d'humeur, des coups de fatigue, un état de confusion mentale.

De plus, le sucre agit comme une drogue : si vous n'en consommez pas à heures régulières, vous êtes tendu et incapable de vous concentrer.

LE GLUTEN

Ce mélange de protéines présent dans le blé et d'autres céréales (orge, seigle...) perturbe les facultés d'apprentissage, de concentration ou encore de socialisation. Comme il est mal digéré par l'organisme, il déclenche une réaction inflammatoire chronique qui peut atteindre le cerveau.

LES PRODUITS LAITIERS

La plupart des adultes ne possèdent pas les enzymes pour digérer le lactose, le principal sucre du lait. Résultat : il va être mal métabolisé par les bactéries intestinales provoquant une fermentation qui va produire des gaz toxiques, lesquels vont affecter, entre autres, le système nerveux (mais aussi le foie, les muscles, le système cardiovasculaire...).

À la clé notamment, des migraines, un manque de concentration et une inflammation généralisée.

Je nourris correctement mon cerveau

Les bons nutriments

Pour fonctionner de manière optimale, votre cerveau a besoin de nutriments spécifiques.

Voici trois nutriments indispensables :

- **Les oméga 3** : ces acides gras sont essentiels pour la formation des cellules nerveuses, le bon fonctionnement des neurones et la transmission des informations. Vous les trouverez dans les poissons gras, certains oléagineux et huiles végétales (noix, lin, chia...).
- **La vitamine B9** : elle joue un rôle central dans la formation du cerveau, l'entretien des capacités cognitives et la régulation de l'humeur. On la trouve dans les légumes verts, les légumineuses...
- **Les antioxydants** : ils protègent le cerveau du vieillissement. On les trouve dans les fruits et les légumes colorés, les épices, le thé vert.

Je souris sans modération

Mon nouveau super-pouvoir !

Vous connaissez sans doute les nombreux bienfaits du rire. Mais connaissez-vous ceux – véritablement incroyables – du sourire ?

Deux chercheuses ont découvert qu'en cas de stress, **il suffit de se forcer à sourire 60 secondes pour que le cerveau reçoive un message positif.** À la clé, une baisse de production des hormones du stress et une augmentation de celles de la bonne humeur.

D'autres chercheurs anglais ont, eux, découvert qu'un sourire stimule autant le cerveau qu'une grande consommation de chocolat !

Testez **les méditations du sourire** du moine Thich Nhat Hanh ou du maître taoïste Mantak Chia.

En voici une variante :

- À l'inspiration, dites mentalement : je calme mon corps.
- À l'expiration, dites mentalement : je souris intérieurement. Je m'établis dans le moment présent.

Je mets en place les 2 accords toltèques anti-cogitations

Pour devenir un guerrier pacifique

Les accords toltèques nous viennent d'un chaman, Don Miguel Ruiz, et pour des millions de personnes représentent un chemin de libération. Ils explorent et déjouent les schémas du mental qui nous font souffrir.

Deux des accords toltèques vous permettent de vous libérer des vieilles habitudes à l'origine de beaucoup de cogitations. Il s'agit de ceux-là :

- **Quoi qu'il arrive, n'en fais pas une affaire personnelle.**
- Quoi qu'il arrive, ne fais pas de suppositions.

LE 1ER PRÉCEPTE

Pour le 1er précepte, comprenez que l'attitude des autres à votre égard est un reflet d'eux-mêmes et non de vous. Il est tout à fait probable que vous n'êtes pas vraiment responsable de leur vécu, actions, paroles ou réactions.

LE 2E PRÉCEPTE

Pour le 2e précepte, plutôt que de faire des suppositions, interprétations ou projections de ce qu'on vous dit, restez neutre – presque ignorant – et posez à vos interlocuteurs des questions pour mieux comprendre.

Quoi qu'il arrive... ne réagissez pas en fonction de votre vision mais cherchez tel un investigateur à comprendre la réalité de l'autre et ce qui se joue pour elle ou lui.

Cela vous permettra de stopper les petites voix négatives de votre mental et les scénarios catastrophes que vous avez tendance à élaborer.

LES CONSEILS EN +

Sachez que l'autre, s'il n'a pas une bonne conscience de ses émotions, ne sait parfois pas ce qui se joue en son for intérieur ou dans votre relation.

Gardez alors à l'esprit les 2 autres accords toltèques : « Que ta parole soit impeccable » et « Fais toujours de ton mieux ».

Je deviens adepte de la pensée positive

Stop au pessimisme !

Les pensées et attitudes négatives créent des humeurs et des comportements négatifs : c'est l'effet *nocébo* (contraire de *placebo*). À l'inverse, quand l'esprit est positif, l'énergie et l'humeur s'en ressentent positivement.

CONSEILS POUR UNE PENSÉE POSITIVE

- **Prenez conscience** de vos pensées négatives et remplacez-les par une pensée positive.
- **Protégez-vous de la négativité ambiante** et environnements ou personnes toxiques.
- **Faites une diète médiatique** si les mauvaises nouvelles vous impactent négativement.
- Imaginez-vous en tant que **personne positive**.
- Utilisez votre imagination pour **projeter des situations ou résultats favorables.**

- Utilisez des **mots bienveillants** à votre égard, avec ou envers les autres.
- **Incantez des affirmations positives** auxquelles vous adhérez et croyez. Par exemple : « Je fais de mon mieux et c'est bien. »
- Dites-vous : « **Et si cela se passait bien ?** »
- Mettez en place **une interdiction de négativité ou de plainte** pendant une semaine. Si c'est trop difficile, une journée. Si cela fonctionne bien, tentez 2 ou 3 semaines.
- **Souriez sans raison,** même si cela vous semble factice.
- Faites plus de **compliments.**
- **Célébrez à haute voix chaque chose qui est belle,** positive ou qui vous fait du bien. Par exemple un bon plat, un beau coucher de soleil, ou le joli chant des oiseaux.
- **Faites un bilan** chaque soir des choses positives de la journée.
- **Soyez reconnaissant de ce que vous avez,** même si tous vos vœux ne sont pas exaucés. Il est rare que tout soit parfait.

Je fais des *to do list* avec priorités

Pour libérer mon espace cérébral

Une méthode d'organisation, de planification et de priorisation est essentielle pour un hyperpenseur ! Rien de mieux qu'une *to do list* avec catégories et priorités.

MA *TO DO LIST*

Faire une liste des tâches doit devenir un rituel quotidien pour vous. Dès qu'une idée vient, notez-la. Créez des catégories comme maison, santé, finances, administratif, enfants, etc.

Lorsque vous inscrivez un nouvel item, notez en tête de liste les incontournables (soit indispensable, soit urgent), ensuite les items rébarbatifs et enfin les tâches subalternes.

MA PRIORITÉ DU JOUR

Chaque jour, fixez-vous LA priorité du jour. Vous pouvez y ajouter deux ou quatre tâches, mais pas plus ! Faites en premier LA priorité du jour et ne faites aucune des autres tâches si celle-ci n'est pas réalisée.

Si vous n'arrivez pas à faire les quelques tâches du jour, le lendemain, elles doivent se réinscrire dans votre agenda. Si ce n'est pas le cas, c'est que vous n'avez pas bien évalué vos priorités la veille, et vous devez revoir votre copie.

Après le plus urgent, prenez à bras-le-corps une tâche rébarbative. Et pour le subalterne, déléguez autant que possible.

LES CONSEILS EN +

Si vous êtes totalement désorganisé, faites appel à quelqu'un pour vous aider à mettre tout cela en ordre.

Pour vos idées créatives, créez-vous des cahiers, dossiers ou liste d'idées. Les notes ou applications smartphone sont très aidantes pour cela.

J'apprends à dire « non »

Pour préserver mon énergie

Il est impossible de dire « oui » à tout, sous peine d'être débordé. Alors apprenons à exprimer un refus et à poser des limites.

ASTUCES TOUTES SIMPLES POUR RÉUSSIR À RELEVER LE DÉFI !

- Ne donnez plus votre réponse tout de suite. **Prenez le temps de réfléchir**, quelques minutes, voire quelques heures ou même quelques jours, afin de ne pas décider sous la pression.
- Restez **connecté à vos ressentis et émotions**, et honorez-les. C'est normal de ne pas être à l'aise avec quelque chose.
- **Inutile de vous justifier.** Vous avez le droit de dire « non » sans donner une raison précise, ni une fausse excuse !
- **Soyez toujours bienveillant dans votre refus**, même si vous vous montrez ferme et direct : la

manière de vous exprimer est tout aussi importante – voire plus, parfois – que le contenu du message.

- **Vous pouvez exprimer ce que vous ressentez :** « J'ai besoin de... », « J'ai envie de... ». Penser à soi n'est pas un acte égoïste mais une façon de **se respecter**.
- **Ne vous engagez pas sur autre chose en contre-partie** (genre « Non, pas cette fois, mais je pourrai la prochaine fois »). Non, c'est non. Et pas question non plus de revenir sur votre décision.
- **Relativisez en prenant du recul :** que risquez-vous à dire « non » ? Et quand bien même, est-ce vraiment si grave ? Si la personne ne vous aime plus ou vous envoie balader suite à un refus, c'est que ce n'était pas une bonne personne pour vous.

Enfin, n'oubliez pas : **dire « non », c'est honorer ses besoins** mais aussi décider de prendre le contrôle de sa vie et développer sa confiance en soi.

J'apprends à demander de l'aide

Lâchez le contrôle !

Vous n'êtes pas superman ou superwoman ! Pour vous alléger l'esprit, acceptez de faire confiance, de déléguer certaines tâches et d'investir si besoin.

Demander de l'aide n'est pas un aveu de faiblesse, bien au contraire ! **Ceux qui réussissent sont toujours aidés… Alors on n'hésite plus à déléguer !**

À la maison, on commence par mieux répartir les tâches : l'un vide le lave-vaisselle, l'autre la poubelle… Vous avez pris une femme de ménage ? À elle de s'assurer qu'il y a encore des sacs aspirateur. Et avez-vous pensé à une aide administrative pour rattraper votre retard ou vous aider régulièrement ?

Le but est de vous affranchir le plus possible des contraintes du quotidien qui, en s'accumulant, peuvent amener à la surchauffe. Autant de choses en moins à faire et donc à penser !

Je donne davantage de place à l'action

C'est parti, j'agis !

Il y a un temps pour la réflexion et un temps pour l'action. Pour arrêter le cours de vos pensées, rien de tel que la mise en mouvement.

Dans un monde complexe, il est essentiel de réfléchir avant d'agir. Mais comme on n'aura jamais toutes les réponses, il faut savoir agir, même de manière imparfaite.

Nous passons parfois un temps fou à élaborer des projets sans jamais les mettre en œuvre.

Vous attendez le déclic ? Découvrez la méthode RPM (méthode rapide de planification), créée par Anthony Robbins.

- **Qu'est-ce que je veux vraiment ?** Déterminez votre objectif et visualisez-le avec émotion.
- **Pourquoi est-ce que je veux atteindre cet objectif ?** Concentrez-vous sur les raisons.
- **Quel est mon plan d'action MASSIF ET SPÉCIFIQUE ?** Établissez une liste de vos priorités.

RÈGLE 39

J'accepte de ne pas avoir de réponse

Casser le cercle vicieux

Bien souvent, on cogite et on rumine, car on veut trouver LA solution. Celle qui résoudra le problème à 100 %. Et si on acceptait que cette solution n'existe pas forcément ? Ou qu'elle n'apparaîtra que plus tard ?

IL EST URGENT D'ATTENDRE

Il est normal de se poser des questions et de chercher des solutions à ses problèmes. Mais il est également normal de ne pas toujours avoir des réponses et des solutions, ou ne pas les obtenir immédiatement. Ou encore d'attendre qu'elles s'imposent d'elles-mêmes plus tard !

Or, chez un hyperpenseur, ne pas avoir de réponse génère de l'angoisse en déclenchant un nouveau cycle de cogitations.

Pour casser le cercle vicieux, la solution est d'accepter de ne pas avoir de réponse. **En acceptant,**

et non en luttant, les pensées obsessionnelles s'envolent d'elles-mêmes. Cela s'appelle aussi **le lâcher-prise** : « l'action qui consiste à laisser de côté ce qui nous empêche d'aller bien », comme le définissent Frédérique Van Her et Marie-Laure Cuzacq, dans *Apprendre à lâcher prise en 35 leçons* (éd. ESI).

L'ACCEPTATION EN PRATIQUE

Dans les faits, quand vous sentez que vous allez entrer dans un cercle de ruminations, dites-vous à voix haute : « Je n'ai pas de réponse à cette question et je l'accepte », « J'accepte de ne pas avoir de réponse/de solution tout de suite » ou encore « Je m'ouvre complètement à ce que la réponse vienne d'elle-même ».

S'EN REMETTRE À PLUS GRAND QUE SOI

L'auteure Tosha Silver est aujourd'hui l'une des chefs de file du mouvement d'acceptation radicale. Elle montre comment accepter ce que l'on ne peut pas changer, au travers de la prière et de l'ouverture à plus grand que soi, permet d'arrêter de ruminer et de gaspiller son énergie pour rien.

RÈGLE 40

J'arrête d'être dans la comparaison

Renouer avec son individualité et sa singularité

« Elle a plus de chance que moi », « Je gagne moins que lui », « Leur couple est plus heureux »... Vous passez votre temps à vous comparer aux autres ? Stop !

Se comparer aux autres, c'est être esclave de son propre point de vue, car vous n'avez pas toutes les données, et d'un dialogue intérieur négatif. Vous projetez car vous vous comparez uniquement avec ce que vous voyez. Ce qui est loin d'être toute la réalité ! Vos amis vous semblent plus heureux en couple, mais que savez-vous vraiment de leur intimité ?

Par ailleurs, vous trouverez toujours des personnes plus heureuses ou qui réussissent mieux que vous. Est-ce que cela doit vous empêcher d'être heureux ?

Reconnaissez vos propres atouts, acceptez qui vous êtes, et là où vous en êtes, et soyez dans la gratitude de ce que vous avez déjà.

Je m'imagine le pire

Pour apprendre à relativiser

Pour arrêter de tirer des plans sur la comète, rien de tel que d'imaginer le pire... et de se rendre compte que ce n'est pas si grave !

Bien souvent, les scénarios catastrophes que nous imaginons dépassent la réalité... Et si on profitait de cette faculté d'imagination pour désamorcer nos angoisses ?

L'EXERCICE

Il consiste à se laisser embarquer à 100 % dans le scénario catastrophe en se disant : « Quel est le pire du pire qui pourrait arriver ? » Par exemple, vous avez fait une erreur sur un dossier, et vous n'arrêtez pas d'y penser. « Je vais avoir un avertissement. » Et le pire du pire ? « Je vais être viré. » Le pire ? « Je ne vais jamais retrouver de travail. Je vais terminer à la rue. » Et ainsi de suite...

Vous allez rapidement vous apercevoir que votre cerveau vous baratine, qu'il est capable d'imaginer n'importe quoi. Apprenez à ne pas écouter tout ce que votre tête vous dit ! Au pire, élaborez un plan B.

RÈGLE 42

Je me pose les bonnes questions

Pour détecter mes schémas de pensées négatives

Pour arrêter les cogitations, se poser les bonnes questions permet non seulement d'arrêter le moulin à pensées, mais aussi de reprendre pied et faire face, sereinement.

Voyons comment...

POUR S'ANCRER DANS LA RÉALITÉ, DITES...

- Mes peurs sont-elles basées dans la réalité ?
- Quelle évidence ai-je que ce que je me dis soit vrai ?
- Quels sont les scénarios les pires, les meilleurs et les plus réalistes qui pourraient se réaliser ?

POUR CHANGER D'ÉTAT D'ESPRIT, DITES...

- Puis-je recadrer l'expérience de manière positive ? Par exemple au lieu de dire « Je n'y arrive pas », dire « Je suis en train d'apprendre ».

• Qu'est-ce qui fonctionne en ce moment ? De quoi puis-je me féliciter ?
• Qu'est-ce qui ne fonctionne pas ? Qu'est-ce que je dois arrêter de faire ou laisser aller ?
• Qui peut m'aider ? Que puis-je déléguer ? À qui puis-je en parler ?
• Et si les problématiques sont un apprentissage, ou mieux, une aventure, comment puis-je changer mon état d'esprit pour les vivre différemment ?

POUR ÉLABORER UN PLAN D'ACTION, DITES...

• **Que puis-je faire pour que les choses aillent du mieux possible ?** Que puis-je mettre en place pour m'occuper de ce qui m'obsède ? Même si le pire scénario devait se réaliser, quelles seraient les choses à faire pour que cela se règle sans le moindre heurt ou souffrance ?
• **Suis-je en danger, vraiment ?** C'est-à-dire ma vie ou mon intégrité sont-elles en danger ? Suis-je en train de cogiter juste pour cogiter parce que mon cerveau s'emballe ? Comment créer plus de sécurité ? De quoi ai-je besoin aujourd'hui pour être plus serein ?

J'identifie mes déséquilibres

Pour arrêter de faire l'autruche

La vie est ponctuée de déséquilibres, d'où cogitations, et vivre est une constante danse d'équilibre. Toutefois pour apprendre à bien danser avec la vie, et être en paix, encore faut-il identifier ses déséquilibres pour y remédier.

OÙ EN SUIS-JE VRAIMENT ?

Réfléchissez à votre niveau de satisfaction dans chacun des domaines de votre vie indiqués dans l'illustration qui suit.

Coloriez le nombre de cercles qui correspondent à ce niveau de satisfaction, 0 pour une insatisfaction totale et 10 pour une satisfaction totale.

Une fois votre bilan fait, passez à la règle suivante pour créer un plan d'action.

MES DÉSÉQUILIBRES

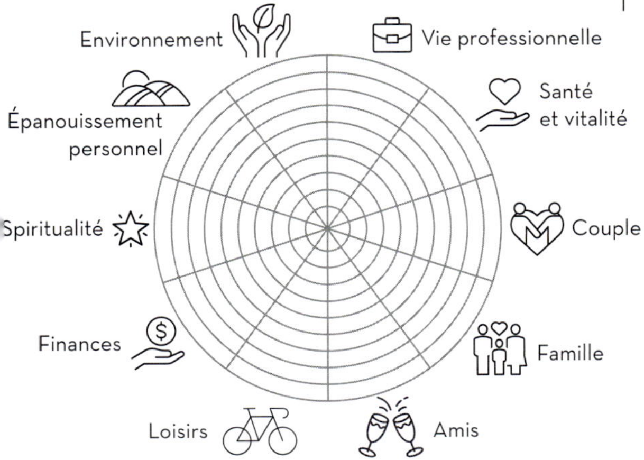

Je crée un plan d'action

Pour créer un changement bénéfique

Sans action, tout plan est voué à l'échec. Et sans plan, l'action risque de ne pas réussir. On garde tout en tête sous forme de cogitations.

ÉTAT DES LIEUX

En reprenant vos résultats des règles d'or 41-43, définissez les trois axes de changement les plus importants pour vous dans les mois qui viennent : changer de lieu de vie, changer de métier, apprendre à mieux gérer vos émotions, etc.

PRENEZ CONSCIENCE DE VOS INQUIÉTUDES

- **Clarifiez** quelles sont vos inquiétudes, peurs, ou interrogations par rapport aux changements envisagés ou nécessaires.
- Pour chaque inquiétude, **interrogez-vous sur son fondement**. Parlez-en à des gens de confiance, des professionnels de la relation d'aide ou des

personnes qui ont déjà réalisé avec succès ce que vous envisagez de faire.

- **Demandez-vous quels sont vos besoins sous-jacents :** besoin d'apprentissage, de soutien, d'un rythme de changement lent…
- **Déterminez comment vous pourriez retourner ces inquiétudes en votre faveur** et ce dont vous avez besoin pour y arriver.

VÉRITABLE PLAN D'ACTION ET SUIVI

Ensuite notez les 5-10 actions à faire en amont des changements envisagés pour atteindre vos objectifs.

Par exemple, pour changer de lieu de vie, déterminez vos critères de choix, choisissez des régions qui correspondent à ces critères, passez quelques week-ends dans les régions sélectionnées, notez chaque région sur les critères de choix, parlez dans votre réseau à des personnes vivant sur place…

- **Posez une date limite** et les actions sur les mois de l'année dans votre calendrier.
- **Décidez du nombre d'heures** par semaine que vous allez dédier à chacun des 3 projets.
- **Soyez réalistes !** Puis passez à l'action.

Je remplace les ruminations par de la gratitude

Merci ! Merci ! Merci !

La pratique de la gratitude connecte instantanément à des émotions positives. On dit impossible d'être dans la gratitude et malheureux en même temps. Alors pratiquons !

GRATITUDE ET BIEN-ÊTRE

Les gens qui pratiquent régulièrement la gratitude prennent le temps de prêter attention à ce qui leur procure de la reconnaissance. Ils ressentent plus de bien-être, dorment mieux, ont un sentiment de plénitude dans leur existence, trouvent du plaisir aux petites choses de la vie, se sentent plus vivants, apprécient la contribution des autres et expriment plus de compassion et de gentillesse que leurs congénères.

Surtout ils comprennent à quel point **la gratitude contribue au bien-être**. La gratitude n'a pas à être réservée aux occasions importantes, mais peut être pratiquée chaque jour. C'est même recommandé!

VOUS POUVEZ TENIR UN JOURNAL OU CALEPIN DE GRATITUDE

Soyez précis dans ce journal. Par exemple, plutôt que d'écrire : « J'ai de la gratitude pour mon mari », mettez : « J'ai de la gratitude pour mon mari qui m'a massée hier soir lorsque je lui ai dit être tendue. »

Pensez à remercier les personnes qui apparaissent au fil des pages dans ce journal. C'est une bonne habitude qui de plus fait plaisir!

UNE HABITUDE MENTALE

Si vous vous surprenez à cogiter ou être négatif, prenez l'habitude mentale de la gratitude. Remerciez pour des faits aussi simples qu'une douche chaude, un rayon de soleil ou le sourire d'un passant. Apprenez à éprouver de la gratitude même pour des événements négatifs. Par exemple, si vous êtes stressé, prenez conscience que votre stress vous montre que vous avez encore un travail intérieur à opérer pour vous sentir bien. Qu'il vous incite à utiliser et à mettre en place des techniques anti-cogitations et anti-stress.

RÈGLE 46

Je renoue avec mon enfant intérieur et j'en prends soin

Pour me libérer des manques ou des traumatismes

On a souvent l'impression que les circonstances actuelles sont insupportables, mais dans la grande majorité des cas, ce sont nos blessures d'enfant qui se réactivent et qui font mal.

JE M'OCCUPE DE MON ENFANT INTÉRIEUR

- En cas de stress, **demandez-vous quand lorsque vous étiez enfant, vous avez déjà ressenti cela.**
- Si quelque chose vous vient à l'esprit, en imagination, **allez à la rencontre de votre enfant intérieur** de l'époque.
- **Si vous ressentez une émotion intense en le voyant**, tapotez des doigts 15 fois le début de vos sourcils, 15 fois la zone claviculaire (règle d'or n° 4), 15 fois le dos d'une de vos mains (règle d'or n° 4) et 15 fois le tranchant d'une de vos mains[1].

- **Respirez de manière calme et régulière en tapotant** jusqu'à ce que vous soyez dans un état d'accueil et d'amour inconditionnel pour l'enfant que vous étiez.
- **Dites-lui que vous venez plein d'amour et de bienveillance** pour l'aider. Demandez-lui s'il souhaite rester là, venir dans un fauteuil imaginaire là où vous êtes, ou aller dans un autre lieu de sécurité et faites… selon son choix.
- **Accueillez son vécu et sa douleur, ou la vôtre,** rassurez-le par des câlins, ou même faites-lui en imagination les stimulations des points mentionnés ci-dessus. Une fois l'enfant intérieur apaisé, vous, l'adulte, vous devriez vous sentir mieux.

LES CONSEILS EN +

Soyez dans la présence, la sécurité, et l'accueil sans jamais imposer ou gronder.
Si vous l'aidez au travers des stimulations, concrètement, vous stimulez les points sur vous, mais en imagination vous le faites sur lui.

(1) Ces points sont des points d'acupuncture d'apaisement que l'on retrouve en EFT, techniques de libération émotionnelle ou TFT, thérapie du champ mental.

Je comprends que je ne peux pas me passer de la nature

Une baguette magique... et je m'épanouis à l'extérieur !

Le lien entre la nature et le bien-être humain est depuis longtemps admis. Plusieurs études montrent une réduction du stress au contact de la nature. Assurez-vous d'en avoir une dose suffisante dans votre vie.

ATTENTION AU SYNDROME DE DÉFICIT DE NATURE

Le mode urbain ou sédentaire moderne nous déconnecte de la nature. Nous passons de moins en moins de temps à l'extérieur et souvent dans un milieu naturel appauvri ou inexistant. **Certains chercheurs parlent d'extinction de l'expérience de la nature.**

Or l'être humain possède une tendance innée à la recherche de connexion à la nature et aux autres formes de vie. Cet intérêt, appelé « biophilie », lui a permis de mieux s'adapter et survivre à son environnement. Sans cette connexion, le mal-être peut être tel que l'on parle de **syndrome de déficit de nature.** Le déficit de l'attention fait partie des symptômes de ce syndrome.

Pour vous reconnecter, pensez à l'expérience en termes de fréquence, d'intensité, de durée, et d'étendue d'exposition au milieu naturel. L'expérience peut aller du jardinage à la randonnée de quelques jours en pleine forêt. Plus l'expérience est intense et longue, plus votre corps et votre mental en bénéficieront.

Mais ne passez pas plus d'une semaine entière, seul ou en famille, dans un environnement trop isolé, si vous n'avez pas d'expérience.

LE CONSEIL EN +

Il existe des groupes de randonnée, ou de cueillette sauvage, que vous pouvez rejoindre si vous n'arrivez pas à vous organiser ou vous motiver seul.

Je me retire du monde (pendant un temps)

Les vertus de la retraite

Rien de tel que de couper avec son environnement habituel pour vraiment débrancher et se ressourcer.

ET SI VOUS OSIEZ SAUTER LE PAS?

L'idéal est de prendre, chaque année, quelques jours de retraite, en solo. **Comme le mot « retraite » le sous-entend, il s'agit de se retirer du monde dans un lieu calme, propice au silence et/ou au rapprochement avec la nature.**

Vous pouvez choisir une retraite spirituelle, dans un monastère par exemple (vous vivrez dans ce cas au même rythme, et selon les mêmes règles, par exemple de frugalité, que ses résidents), un séjour en pleine nature, ou encore un séjour axé sur des activités ressourçantes comme le yoga.

La découverte d'un pays inconnu, dont vous ne connaissez ni la langue ni les coutumes, peut être aussi propice à cette expérience de retrait. Vous devrez alors vous laisser porter et vous ouvrir totalement à la découverte.

TROUVER LE BONHEUR AU FOND DE SOI...

L'objectif est de prendre du temps pour vous. Nous cherchons constamment le bonheur dans le monde extérieur, dans sa dimension matérielle, alors qu'il ne peut être trouvé qu'en nous. Cela suppose de se libérer de ses contraintes habituelles, de rompre avec le rythme de vie ordinaire, et donc des pensées qui l'accompagnent, pour se recentrer sur soi et soi seul.

Vous pourrez ainsi vous ressourcer sur le plan physique et psychologique, prendre du recul... et revenir au monde réel avec les idées plus claires et une nouvelle énergie.

Un esprit zen est un esprit neuf, dit le grand maître bouddhiste Shunryu Suzuki.

Je pratique le *earthing* ou le *forest bathing*

Énergie terrestre ou sylvestre ?

Le « earthing » est une expérience de la nature qui se fait pieds nus pour à la fois se décharger, s'ancrer et se ressourcer.

LE *EARTHING* OU « RECONNEXION À LA TERRE »

Pratiquer le *earthing*, c'est se tenir ou marcher pieds nus sur un sol naturel – terre, sable, ou herbe. Certains maîtres de méditation le pratiquent sur des cailloux : les points de pression du sol sur la plante de pieds créant un soin de réflexologie.

Et alors que nos semelles ou le béton nous coupent de l'énergie terrestre, marcher pieds nus nous permet un contact et un échange avec la surface de la terre, et son énergie. Grâce à cette connexion, les biorythmes s'harmonisent, le sang est plus oxygéné et le système nerveux s'apaise.

Commencez la pratique debout, pieds nus. Imaginez vos pieds s'enfoncer dans la terre comme des racines. Puis marchez lentement. Soyez présent aux sensations plantaires.

LE *FOREST BATHING* OU « BAIN DE FORÊT »

La pratique du « bain de forêt » est un allié dans votre arsenal anti-cogitations. Il booste votre santé et votre bien-être. Se promener en forêt pour s'entourer des vertus thérapeutiques des arbres vient du Japon.

Pour un même temps de marche, le cortisol – l'hormone du stress – baisse de 20 % de plus si la marche est en forêt plutôt qu'en ville. Cette tendance s'observe aussi sur le rythme cardiaque et même le système immunitaire qui reste plus efficace un mois après un bain de forêt de 2 à 3 heures !

Les mécanismes les plus reconnus sont la présence bénéfique des huiles essentielles des arbres, de la lumière naturelle, et des ions négatifs ainsi que l'absence de pollution sonore.

Prévoyez une balade en forêt. Prenez le temps de vous immerger. Respirez, touchez, écoutez. Prenez un arbre dans vos bras ou appuyez-vous contre lui. Allez à votre rythme.

RÈGLE 50

Je fais le ménage, littéralement

Un esprit sain dans un espace sain

Le désordre nuit à la concentration et aux idées claires. Alors on fait de la place, et on désencombre ! C'est un constat de bon sens qui a été prouvé scientifiquement : plus il y a de désordre, plus votre cerveau sera sujet à la distraction. En feng shui, on parle de *Sha Chi*, de mauvaise énergie.

Voici quelques préconisations :

- **Débarrassez-vous** de tout ce que vous avez en double (donnez, troquez, revendez).
- **Idem si vous n'avez pas utilisé l'objet au cours de l'année précédente**, ou s'il ne crée pas un sentiment de sourire et un sentiment de joie intérieure[1].
- **Demandez-vous si cet objet vous est utile :** si vous réfléchissez plus de 20 secondes, la réponse est non. Débarrassez-vous-en.
- **Avant d'acheter un nouvel objet :** demandez-vous si vous en avez vraiment besoin.

(1) Cette technique nous vient de Marie Kondo, grande prêtresse du rangement intérieur pour un plus grand bien-être.

Biographie des auteures

Carine Barco

Auteure, coach, thérapeute conjugale, praticienne en hypnose et psychologie énergétique.

Carine Barco est superviseur et formatrice au sein de l'Institut français de psychothérapie émotionnelle et cognitive. Ses spécialités sont l'intelligence émotionnelle et relationnelle et le bien-être.

Pour ses ateliers et retraites consulter : www.carinebarco.com.

Alix Lefief

Auteure spécialisée dans les domaines de la santé, du bien-être et du développement personnel depuis une vingtaine d'années.